사랑하는 이 보세요

사랑하는 이 보세요

김명순 문장집 · 박소란 엮음

핀드

"고마운 이여,

이 편지를 부디 사랑으로 받아주세요."

• **일러두기**

외래어는 시대상을 고려해 원문의 표기를 살렸습니다.
강조점, 괄호 등의 부호도 원문을 따랐습니다.
현대의 기준에서 생경한 문장이나 단어는 부분적으로 윤색했습니다.

차례

- 소란의 편지　　　008
- 김명순의 문장들　020
- 수록작품 목록　　261

소란의 편지

이것은 두 번째 '소란의 편지'입니다. 첫 번째는 2023년 1월에 썼습니다. 김명순의 산문집 『사랑은 무한대이외다』(핀드, 2023)를 엮어낼 당시 독자분들을 위해 편역 작업 후기를 곁들여 짧은 편지를 쓴 적이 있었지요. 출판사 핀드가 '소란의 편지'라 명명해준 그 편지를 저는 "사랑하는 이 보세요"라는 말로 시작했습니다. 그리고 이렇게 마무리했었지요.

"김명순이라는 이름을 지금 다시 이토록 반갑게 맞아주신 이여, 고마운 이여, 나의 비닭이 나의 파랑새여, 이 편지를 부디 사랑으로 받아주세요."

이 문장집, 그리고 두 번째 '소란의 편지'는 바로 거기서부터 시작된 것이라 하겠습니다. 김명순의 산문집 『사랑은 무한대이외다』에 이어 그의 소설집 『내 마음을 쏟지요 쏟지요』(핀드, 2025)를 엮어내고, 이후 마치 운명처럼 지금의 이 문장집에 닿기까지의 과정은 모두 김명순이라는 이름을 소중히 기억하는 데 조금이나마 보탬이 될 수 있기를 바라는 마음이었다고, 다시금 전하고 싶습니다.

"모쪼록 인내심을 발휘해주세요. 천천히 곱씹어주세요. 사랑이라는 막강한 힘을 지닌 채 자신만의 세계를 지탱해내는 한 사람의 숭고한 내면을 발견해주세요."

이런 말을 지난 편지 서두에 붙여두기도 했는데, 이는 여기 문장집에 담긴 뜻이기도 합니다. 김명순의 열성 독자인 제가 그의 작품들을 읽고 또 읽는 동안 눈길이 오래 머물렀던 페이지, 밑줄을 그었던 문장들을 이곳에 가려 뽑아 두었습니다. 하나같이 참혹하면서 아름다운 문장들입니다. 사는 내내, 쓰는 내내 치열한 내적 전투를 멈추지 않았던 한 작가가 자신의 가장 깊은 속에서 길어올린 것이니까요.

　문장에 담긴 뜻을 되짚으며 시시각각 어떤 전율을 느끼실 수도, 또 한 작가의 세계를 다양한 장르로써 감상하며 뜻밖의 재미를 얻으실 수도 있겠습니다. 그럼에도 어쩌면 백 년 전 생경한 낱말과 어법을 살피는 일, 그 속에 응축된 깊은 사유를 헤아리는 일은 쉽지 않겠지요. 그야말로 인내심을 필요로 할지 모릅니다. 마음을 쏟아, 쏟아 읽어내야 할지도요. 네, 이 문장집은 바로 그런 읽기를 거들고자 한 것이기도 합니다. 부러 더듬대듯 한 문장 한 문장 천천히 읽어나가기. 노트의 빈 곳에 공들여 옮겨 적어도 보면서, 몸으로 마음으로 아낌없이 음미하기. 그렇게 김명순이라는 아주 특별한 작가와, 사람과 가까워지기.

　제 얘기를 조금 덧붙여볼까요. 어쩌면 지금 이 책을 집어 든 여러분과 그리 다르지 않은 심정으로, 김명순의 글을 반복해서 읽던 시간이 제게도 있었습니다. 이를테면 이런 시를요.

세상이여 내가 당신을 떠날 때

개천가에 누웠거나 들에 누웠거나

죽은 시체에게라도 더 학대하시오

그래도 부족하거든

이다음에 나 같은 사람이 있더라도

할 수만 있는 대로 또 학대하시오,

그러면 나는 세상에 다신 안 오리다

그래서 우리는 아주 작별합시다.

시 「유언」입니다. 읽자마자 마음은 거세게 일렁였지요. 문장마다 깃든, 입술을 잘끈 깨물듯이 참아내는 울음을 누가 쉽게 지나칠 수 있겠어요. (훗날 김명순은 「유언」의 마지막 대목을 고쳐 첫 번째 작품집 『생명의 과실』(한성도서주식회사, 1925)에 수록했지만, 저는 조선일보 1924년 5월 29일 자 지면에 발표한 이 초고 버전을 더 좋아합니다.) 잠들지 못한 밤이면 이 시를 마치 제 것인 양 오래 공글렸습니다. 이후 김명순의 시 몇 편을 손에 잡히는 대로 탐독했고, 저는 김명순이라는 이름과 시들을 아주 잊을 수 없었어요. 불쑥 떠오를 때마다, 지금은 절판된 전집을 구해 열어보기도 하고 작가가 작품을 발표한 옛 신문이며 잡지를 뒤적여보기도 했습니다. (아시다시피 요즘은 컴퓨터 앞에 가만히 앉아서도 이런 일이 능히 가능하니까요.) 그렇게 여러 시와 소설, 희곡, 에세이 등의 작품을 잇달아 만났습니다.

아, 이건 진짜구나! 좀처럼 본 적 없는 진정과 절절한 몸부림을 엿보는 순간, 매료되었다고 할까요. 감염되었다고 할까요. 일정 부분 저의 사정을 덧대어본 것도 같습니다만, 그것은 어디까지나 제가 앓는 고질적 과잉입니다. 김명순의 고단한 삶의 이력을, 그 깊은 비탄을 어찌 제 옹색한 고민들에 비할 수 있을까요. 한국 최초의 여성 근대 소설가라는 타이틀에도 불구하고 '기생의 딸' '나쁜 피' '문란한 여자' 등의 조롱 가득한 꼬리표가 일평생 그를 따라다녔습니다. 1951년경 일본의 한 정신병원에서 생을 마감하기까지 한 작가가 겪어야 했던 온갖 수치를 저는 감히 부연할 수 없습니다. 무엇보다 제가 사무치는 까닭은 그 힘들었을 매 순간 그가 혼자였으리라는 짐작 때문입니다. 그것이 저를 자꾸만 한숨짓게 만들어요. 그 곁에 온기를 나누어준 단 한 사람이 존재하지 않았으리라는 사실이. (물론 감정을 앞세운 열성 독자가 노파심으로 빚어낸 억측일 수도 있겠지요. 네, 차라리 그러기를 바랍니다.)

"당신들은 나를 비웃기 전에 내 운명을 비웃어야 옳을 것이다. 나는 이 지경에 겨우 이르렀어도 힘 있는 대로 싸워왔노라."

하지만 김명순은 누가 뭐래도 참 강고한 사람이지요. 위 「대중없는 이야기」 속 대목을 보면 아시겠지만, 갖가지 불행의 증거에도 결코 지치거나 꺾이지 않는 사람입니다. 거푸 절망하면서도 기어코 오롯한 한 존재로서 스스로를 일으켜 세우는 사람. 그 힘은 다름 아닌 자신 안에 있었던 것이지요. 소설 속 한 인물의 입을 빌려 이야기한 바와 같이 "사람은 언제든지 자기를 믿고 사는 것"이라고. "외롭고 갈 데 없는 사람일수록"(「나는 사랑한다」) 더욱 그런 법이라고.

혼자를 기르는, 악착같이 일으켜 세우는 과정에서는 다름 아닌 사랑이 거센 동력이 되었겠습니다. 왜 아니겠어요. 열렬히 사랑한 자만이 "아주 작별합시다" 말할 수 있다는 것을 저도 이제 어렴풋이나

마 압니다. 김명순의 지극한 사랑을 보세요. 이 사랑이 대체 무엇을 지시하는지. 그것은 동경이자 이상이자 신념인 것. 삶에의 의지이자 문학에의 열망인 것. 끝없이 스스로를 갈고닦는 것. 혹여 죽더라도 멈추지 않는 것. 사랑은 결국 누구도 아닌 '나'의 것입니다. 내가 나로서 온전하고자 한 의지. 자신을 멈추거나 그치지 않을 수 있는 용기. 다른 말로 하자면, 자신을 향한 거센 집중.

결국 저는 사랑이라는 막강한 힘을 지닌 채 자신의 세계를 굳건히 지탱해내는 한 사람의 숭고한 내면에 사로잡히지 않을 수 없었던 것입니다. 몇 년에 걸쳐 김명순의 작품을 읽는 동안 저는 열렬히 바랐습니다. 혼자의 힘으로 끝내 사랑을, 쓰기를 멈추지 않는 신실한 인간일 수 있기를……. 그런 바람으로 계속해서 김명순을 읽고 쓰면 좋겠다고 생각합니다. 지금 이 책을 집어 든 분들 역시 다르지 않을 거라 짐작하며 모종의 온기를 느낍니다. 함께, 김명순의 독자가 되어주셔서 고맙습니다. 우리는 김명순이라는 귀한 "돌 틈에서" 맺어진 "파초 열매"(「만일에」)라 해도 좋겠지요.

올해는 김명순이 국내 여성 작가 최초로 작품집 『생명의 과실』을 낸 지 꼭 100년이 되는 해입니다. 그래서 이 모든 일이 더 중하게 여겨집니다. 『생명의 과실』에 수록된 에세이 「봄 네거리에 서서」의 한 대목으로 끝인사를 대신합니다. 조금 간지럽대도 받아주세요.

"내가 당신을, 사랑합니다. 아무리 안 하려고 해도 그래집니다."

2025년 여름, 큰 사랑 가운데

소란 배배˙

• 추신

김명순의 소설 「외로운 사람들」속 순영의 편지 끝에 붙은 "순영 배배"를 흉내 내어. '배배'는 오타로 추정되어 편역을 통해 '배백'으로 바로잡았습니다. 여기서는 일부러 원문의 오기된 단어를 가져와 써봅니다. 어쩐지 지금 이 순간 이 단어가 사랑의 은어로 읽힌 까닭입니다.

만일에

만일에 봄이 나를 녹이면

돌 틈에서 파초 열매를 맺지요 맺지요

만일에 만일에.

만일에 좋은 때를 얻으면

바위를 열어 내 마음을 쏟지요 쏟지요

만일에 만일에.

만일에 만일에

하나 언니여 슬프지 않습니까. 사랑은 지극히 드물게 있습니다. 사람의 인격 완성과 같이 드물게 있습니다. 아득거리고 변하고 속이는 것이 사랑이 아님은 당연합니다.

참사랑을 얻으면 노래하지요. 그때까지 밀어입니다.

언니여 슬프지 않습니까

사랑하는 이여

나의 넓은 화원에서

오색으로 화환을 지어

그대의 결혼식에

예물을 드리려 하오니

오히려 부족하시면

당신의 마음대로

색색의 꽃을 꺾어서

뜻대로 쓰소서

그러나 나의 화원은

사상의 화원이오니

그대를 위하여

세련된 것이오니

아끼지 마소서.

시「조로朝露의 화몽花夢」부분

아
끼
지
마
소
서

"내가 당신을, 사랑합니다. 아무리 안 하려고 해도 그래집니다."

이 한마디를 못한다.

나와 내 마음속에 박힌 그림자의 주인과는, 운명적으로 접근할 수 없는 것이다. 두 사람은 선천적으로나 후천적으로나 접근할 수도 없는 것이다. 이것을 아는 나는 구태여 내 마음속에 박힌 그림자를 가까이하려고 하지 않는다. 그뿐 아니라 그 그림자의 주인이 눈앞에 보이면, 나는 눈을 감을 것이고, 또 가까이 온다면, 나는 피할 것이다. 하나 나는 그를 사랑하는 것이다. 내가 세상에 나와서, 죽을 때까지 꼭 하나인 그를 꼭 한마음으로 일 초 일 분도 마음을 고치지 못하고 그를 사랑하는 것이다.

에세이 「봄 네거리에 서서」

아무리 안 하려고 해도

그 마음속으로는 이런 말을 했다.

'엄마, 엄마는 또 울고 싶은 것이구려. 그러지 말고 내 이불 속으로 들어오세요……'

그 몸이 보드라운 안팎 비단 이불에 싸인 것같이 그 마음은 설움에 싸여 있었다. 그는 이즈음으로 집안일과, 그 모친의 근심 때문에 깊은 잠을 들지 못하게 되었다. 어떤 때는 눈을 분명히 뜨고

"어머니, 왜 안 주무세요?" 하고 불러볼 때도 있었다. 이런 때 그 모친은 울다가 그 딸의 음성을 듣고 눈물을 뚝뚝 떨어뜨리며

"아가, 왜 깼니?" 하며 이불을 다시 폭 덮어주고 사분사분 그의 가슴을 두들겨준다.

사분사분

외로움

아니라고 머리는 흔들어도

저녁이 되면은……

눈물이 나도록 그리울 때

뜻하지 않았던 슬픔을 안다.

시 「외로움」 전문

저녁이 되면은

"차디찬 겨울의 따뜻한 꿈!" 하고 마음속으로 거듭거듭 외건마는 입 밖으로 노래가 되어 나오지 못할 때 그것은 바로 한숨으로 변한다.

세상에 알리지도 않은 굳센 이상이 마음속에만 갇혀 있을 때 그것은 밤마다 잠들어서만 볼 수 있는 '꿈'이 된다.

잠들어서만 볼 수 있는

좋은 집이 탄다고 사람들은 서러워했다. 그러나 그 불더미 속에 소리 들려 이르되

"사랑하는 이여, 아름다운 말 전부는 너의 이름이다" 하고

"나는 사랑한다!"

"나는 사랑한다!" 하더라.

아름다운 말 전부는

언니 오시는 길에

언니 오실 때가

두벌꽃 필 때라기에

빨간 단풍잎을 따서

지나실 길가마다 뿌렸더니

서린 찬 가을바람이

이리저리 굴립디다

떠났던 마음 돌아오실 때가

물 위에 얼음 녹을 때라기에

끓는 피를 다 뽑아서

쌓인 눈을 녹였더니

마저 간 겨울바람이

또 눈보라를 칩디다

언니여 웃으십쇼

꽃 같은 마음이

이리저리 구르는 대로

피 같은 정열이

이리저리 깔린 대로

이 노래가 언니 반기는 것을

시 「언니 오시는 길에」 전문

언니여 웃으십쇼

아름다운 K양이여, 아무쪼록 이 혼돈한 사회에서 아름다운 구원의 여성이 되기를 바랍니다.

아름다운 K양이여,

"선생님 자— 해몽해주세요. 며칠 전에 꿈을 꾸니까 하늘에 함박꽃이 오롯한 남빛으로 그뜩 피어 있었어요. 그런데 나는 와이 씨하고 그 하늘 밑에서 고개를 마주 숙이고 절을 하는지 기도를 하는지 했는데 조금 후에 어찌 되었는지 와이 씨가 무슨 강단에 올라서서 나를, 아이고 그 무슨 변명인지 해주는데 사람들은 물 끓듯 떠들어요. 아마 나를 뭇사람이 들입다 악인으로 모—는 것 같았어요" 하고 그 자신이 꿈에 취한 듯이 캄캄한 하늘을 보면서 이야기하고 정 씨를 보았다.

정 씨는 여전히 몸을 흔들다가

"그것참 시인의 꿈이로군. 그대로 시를 쓰시지요" 하고 드문드문 나오는 수염을 비빌 뿐이다.

그대로 시를 쓰시지요

성실 (몸을 일으켜서 홀로 미소를 짓다가 사방을 휘 둘러 보고 입을 삐죽삐죽하며) 아— 또 영호 씨의 꿈을 꾸었구나. 어디였는지 이 방 같지도 않고 아주 넓은 곳이었다. 하늘 위도 땅 위도 분간할 수 없이 이 세상에서는 보지 못하던 꽃이 참으로 연하게 참으로 향기롭게 피었었다. (홀연 의심하는 표정) 무엇인지 몹시 어렴풋하지만 장례의 노래가 들리는 것도 같았다. 그런 가운데서 어렴풋하게 영호 씨와 내가 마주 기도하듯 머리를 굽혔다. 아아 오늘은…… 그이가 오실지도 모르겠다.

오필리아

보슬비

보슬보슬

보슬비가 나려옵니다

마당 위에

고여 있는 물만 불리는

보슬보슬

보슬비가 나려옵니다

우리 둘이 껴안고

이 비를 맞아

우리의 사랑에

물이 고이면

명년明年이라 춘삼월春三月이

다시 올 때에

우리의 헌 사랑에

새싹이 나리.

시 「보슬비」 전문

보슬보슬

우주가 무한대한 것과 같이 인생, 즉 사랑도 무한대이외다. 서유기에서 손오공은 자기의 능력을 석가모니 부처에게 자랑하기 위하여 근두운을 타고 하루 만에 구만 리를 이동하여 앞의 다섯 개 산봉우리 중 제일 큰 봉우리에 '제천대성휴어차처齊天大聖休於此處'라고 쓰고 의기양양하여 돌아왔습니다. 그러나 그것이 오히려 석가모니 손바닥 안, 긴 손가락에 싸인 것임을 깨달았습니다. 같은 이치로 사람 사람마다 잠시 사랑이라는 것을 맛보고는 그것이 전체의 사랑인 줄로 오해합니다. 그래서 혹은 실패니 실연이니 합니다. 참으로 우스운 것입니다. 사랑은 무한대이외다. 사랑은 무한대이외다.

사랑은 무한대이외다

페 —터 씨, 그전에 페 —터 씨는 내가 가는 곳마다 가만히 오신다고 말씀하신 일이 있습니까? 비행기 많이 다니는 하늘을 우러러 그리운 말 하소연하다가도 페—터 씨가 우리에게로 오셔서 쓸쓸하실 것을 생각하면 돌연 고개를 숙입니다.

가만히 오신다고

그보다 어떤 절대로 외롭던 혼이 사람이 다니지 않는 적막한 곳을 배회하다가 우연히 큰 힘을 가진 한 혼을 만나서 저문 사막에 달빛을 비추듯이 외로운 정경에 뜨거운 정情이 등불을 켰다면 거기에는 무슨 질투나 음모가 있을 것은 아니고 사상과 사상이 융합한 완전한 세계가 이루어진다. 그때는 참노래가 나올 것이지?

등불을 켰다면

우리 앞에 장차 까딱하면 영원의 일몰이 닥쳐올 줄 모르는가? 만일 그렇다 하면 그전에 우리는 무엇이든지 한 가지는 기어이 살려 놓고 말아야 할 것이다. 하다못해 이 세상에 영원히 사라지지 않을 붉은 피를 박아놓고 없어지더라도……. 그 가운데에 문예의 길을 밟던 같은 동무는 절실히 더 이 사명을 느낄 것이다.

무엇이든지 한 가지는

이 추운 날 새벽에 향수에 걸린 병인은 객지에서 돌아갈 곳을 잃었다. 참으로 생활을 그치고도 싶다. 그러나 이 굳센 애착! 엿줄같이 늘어나가는 동경! 실로 억제할 바 없구나를 생각한다.

돌아갈 곳

영옥 씨, 아니 가장 아름다운 이! 불쌍한 당신을 나는 사랑합니다.

불쌍한 당신을

"언니, 이거 줄까" 하고 어린이는 분수기를 희종을 향해 쳐들었다.

"그것은 아기 장난감이니 아기가 가져야지. 언니는 더 큰 분수령을 마음속에 가졌단다" 하고 희종은 그만 차게 웃어버렸다.

더 큰 분수령

"이것 보십시오" 하고 순희는 음성을 높이면서

"사람은 언제든지 자기를 믿고 사는 것입니다. 외롭고 갈 데 없는 사람일수록 자유를 구하는 마음은 더욱 커지는 것입니다. 내가 꾀어냈다는 그런 말씀을 하시는 당신은 적어도 영옥이와 나, 두 사람의 인격 외에 세기와 시대도, 자기도 모욕하신 것입니다" 하고 더 빨갛게 되었다.

사람은 언제든지

그는 무엇에게 하소연하듯이 처량한 눈으로 천장을 우러러 호소하였다.

"이 세상에 물 한 방울이라도 그저 사라지는 바가 없다. 하물며 한 사람의 일생을 통한 간절한 이상이 왜 실현되지 않으랴? 우주의 찬 꿈이 열대熱帶에 실현되며 더운 꿈이 한대寒帶에 실현되는 것같이 한 사람의 지극한 열성을 다한 이상이 그 자신의 일생 가운데 어디서든지 실현되고야 말 것은 너무 당연한 일이다. 나는 잘못 생각하였었다. 역시 나는 내 이상을 실현하자고 끊임없이 붓을 잡을 것이다. 아아 참 인생의 아득함이야 악마로다" 하며 그는 창백한 손가락으로 물끄러미 유리창에 쓰기를

"너희들 아무리 곤란하더라도 희망하여라! 보앙카레" 하고 굵고 튼튼히 하였다.

아무리 곤란하더라도 희망하여라

내게 어느 친구가 있어서 생사生死를 말하기를, 한 오라기 실낱 같아 한끝이 생生이면 한끝은 사死라고 일렀었다. 그것이 참말이면 사람은 그 자신의 관을 짜는 것 외에 무엇이 필요할 것이냐. 그렇다! 관을 짠다고 생각해보자. 근 삼십 년, 이십여 년을 나는 내 관을 짜놓았다. 그러나 나는 그것을 완성하지 못하였다. 그러므로 나는 생生에 애착이 큰 만큼 사死에 대한 아무런 이해도 가지지 못하였다. 다만 흙에 돌아가는 것이다. 나라는 하나의 형체가 영원을 향하여 분쇄되어 분자로 원자로 점점 갈라져서 토양이 되어 생물을 양성하는 성분이 되리라 할 뿐이다. 또 그리고 거기 돌아가서 더 편안할 것을 생각지 못한다.

한 오라기 실낱

신시

외그림자조차 놀라운

외로운 여인의 방에는,

전등조차 외로워함 같아

내 뒤를 다시 돌아다본다,

외로운 전등 외로운 나,

그도 말 없고 나도 말 없어,

사랑하는 이들의 침묵 같으나

몹쓸 의심을 함만도 못하다,

외로운 전등 외로운 나

젊은 수색자搜索者야, 해녀海女야, 네 길을 간다 할지라도 갈수록 남의 길일 것이며 남아 보이는 것이 학대일 뿐이니 부질없는 등산을 멈추고 네 몸 위에 값없이 던져지던 남의 생활의식 남의 감정을 전부 뽑아내어 던져라!

부질없는 등산을 멈추고

이 자리는 바로 너와 내가 어릴 때, 너는 여덟 살이고 나는 열두 살일 때 네가 하도 토끼처럼 잘 뛰어다니기에 나는 '범의 다리 뚜걱 내 다리 생생' 할 줄을 모른다니까 네가 신이 나서 이것을 못해? 하고 깡충 뛰다가 폭 엎드려져서 코피를 흘린 자리다. 너는 그때부터 코피를 잘 흘리는 아이가 되었다지. 그런데 친하던 우리의 두 집끼리는 지금 사이가 벌어졌다 하더라도 너와 나의 그 굳은 언약이야 변해서 물거품같이 사라질 도리가 있겠니? 그것이 사실이면 나는 물로 들어간다. 나는 집도 버렸다. 돈도 버렸다. 단지 네 손이 살살 와닿던 내 몸뚱이 하나만 되어가지고 나와서 이 부벽루에서 기다린다. 기다린지 한 주일이고 편지를 부친 수 열두 번이다. 안 오는 목석이 있니?

너도 나와 같이 몸뚱이 하나만 되어서 나오너라.

다행히 서울 갈 여비는 내게 있으니 너희 아주머니 집으로 들어가서 직업을 얻자. 나는 스물두 살이고 너는 열여덟이다. 설마 네가 나를 굶기고 내가 너를 굶길까? 그래서 우리 두 사람은 한 몸이 되어 굳세게 살아나가자.

한
몸이
되어

우리가 한때에 이 지구 위에 살게 된 것과 또 이렇게 사귀게 된 것만 행복됩니다. 이제 우리는 서로 알았으니까 서로 의식하며 힘써서 같은 귀일점에서 만나도록 생활해나가는 것만 필요합니다.

이렇게 사귀게 된 것

"그러면 너는 졸업하고 주 씨의 직조공장에 가서 여공 감독 노릇을 하겠니?"

"그보다 여공으로 그들의 동무가 될 테야, 언니! 내 생각이 옳지요?"

동무가 될 테야

나는 남자가 되었으면 지금 남자들과 같이 무정한 사람은 되지 않고 어머니의 은혜와 수고를 알아주는 다정한 사람이 되는 동시에 어머니를 극력 존경하고 귀히 여기는 사람이 되겠습니다.

다
정
한 사
람

친구여, 저편에서, 공연히 친구를 보지도 않고, 사랑을 해준다면, 친구는 얼마나 귀찮고 모욕을 느낄 것인가. 친구여, 그런 맘을 버리고 노동을 해보거나 그렇지 않으면 울어보라.

울어보라

꿈

애련당 못가에 꿈마다 꿈마다
어머니의 품안에 안기어서
갚지 못한 사랑에 눈물 흘리고
손톱마다 봉선화 들이고서는
어리던 임의 앞을 꿈꾸려.

착한 처녀 착한 처녀 호을로 되어서
꿈마다 꿈마다 애련당 못가에.

꿈마다 꿈마다

오늘도 그이는 옥류병 위 한적히 지어진 이층집 난간에 나선 것이다. 난간 바로 아래에는 강물이 파래서 모진 바위를 스쳐가고 스쳐왔다. 낚싯배들은 한가히 낚싯대를 들고 놓았다. 그의 눈에는 어린 생명들이 그 살던 세계에서 작은 작은 미끼에 유혹되어 나오는 것이 보일 것이다.

작은 작은 미끼에 유혹되어

다시 봄이 왔다.

누더기를, 쓴 몸으로도, 화려한 것이 그립다 따뜻한 것이 부럽다 생각하게 된다.

봄 네거리에 섰던 내 발이 저녁 안개에 속아서 남문을 향하여 걸어가다가 돌아서서 북으로 걸어간다.

아아 북에는 내 경우가 있다. 운명이 있다. 나는 그것을 못 벗는다.

에세이 「봄 네거리에 서서」

다
시
봄

어느 날 밤에

"아아" 하고 깊은 호흡으로부터 낮고 가는 한숨을 지었었다.

이것이 얼마나 무서운 절망의 소리인지 나 이외에 아무도 들을 사람은 없었고 놀랄 사람도 없었다.

깊은 밤에 이불 속에 누워서 외는 혼잣소리나 무엇인지 나 스스로 느끼기를, 영원을 향하여 분쇄하는 심지心地! 온 우주의 한편을 폭발시키려고 파열하는 무서운 소리 같다고 느꼈다. 아무도 모르게 혼자 외는 소리에 내 앓는 가슴속 가득 찼던 분노! 원한! 들이 팽팽하게 부풀어 오르다 못하여 그만 파열한 것 같다고 느낄수록 공포는 무럭무럭 자라서 전등 아래 있건마는 가지각색으로 눈앞에 어리어진다.

—왜? 살아가려느냐.

—무엇 때문에 악착하게 살려고 하루걸러 의사의 신세를 입으며 애쓰느냐.

왜
살
아
가
려
느
냐

꿈에 전前같이 비단이불 덮고

풀깃 잠들어 꿈을 꾸니

우레는 울어오고

빗방울이 뚝뚝 든다

탄실은 화닥딱 몸을 일으키어

벽력 소리에 몰리어

힘껏 달아났다

달아날수록 비와 눈은

그 헐벗은 몸에 쏟아지고

요란한 소리는 미친 듯 달려들다

그는 나무 그늘에 몸을 숨겼다.

온 하늘이 그에게 호령呼令하다

"전진하라 전진하라"

그는 어린양같이

두려움에 몰리어서

헐벗은 몸 떨면서도

한없이 달아났다

그동안에 날은 개었더라

청靑 댑싸리 둘러 심은 푸른 길에

누군지 그의 손을 이끌다

그러나 그는 호을로였다

시 「탄실의 초몽初夢」 부분

그러나 그는 호올로였다

성실　세라 씨! 제 가슴이 찢어지는 것 같습니다. 저는 조금 전부터 세상과는 딴 생각을 가지게 되었습니다. 참말 사랑은 세상에 드물게 있는 것으로 알았습니다. 세상에 주로 있는 소위 사랑이라는 것은 육적 충동과 호기심 만족에 불과한 것으로 피하지 않으면 안 될 것으로 생각했습니다. 그러기에 저는 결혼을 꺼립니다.

가슴이 찢어지는

그렇습니다. 선례는, 내 꿈의 주인공은 불길이 점점 타올라서 다 붙은 다음에는 꺼지듯이 그렇듯이 저를 앓았습니다. 아니요. 차라리 유혹했었더란 말이 옳겠지요. 그의 정열은 봄 노래로 시작되었습니다. 그리고 여름의 서늘함으로 지난함을 잊게 하고 겨울의 고요함과 엄숙함으로 마치 '선녀가 우물가에 내려왔다가 돌아간다'는 듯이, 그나마 꿈속에 나타났다 사라지듯이 자취도 없이 사라져버렸습니다.

여러분 저는 깨지 못할 꿈을 꾸었습니다.

여러분 저는 낫지 못할 병을 앓았습니다.

낫지 못할 병

저주

길바닥에, 구르는 사랑아
주린 이의 입에서 굴러나와
사람 사람의 귀를 흔들었다
'사랑'이란 거짓말아.

처녀의 가슴에서 피를 뽑는 아귀야
눈 먼 이의 손길에서 부서져
착한 여인들의 한을 지었다
'사랑'이란 거짓말아.

내가 미덥지 않은 미덥지 않은 너를
어떤 날은 만나지라고 기도하고
어떤 날은 만나지지 말라고 염불한다
속이고 또 속이는 단순한 거짓말아.

주린 이의 입에서 굴러서

눈 먼 이의 손길에 부서지는 것아

내 마음에서 사라져라

오오 '사랑'이란 거짓말아!

시 「저주」 전문

'사랑'이란 거짓말아!

여교원   또 우셨구려. 그저 눈물의 골짜기를 걸어가시오. 그 가운데서 성실 씨의 예술이 배양될 것입니다.

또 우셨구려

입 없고 눈 없는 산에서는 멀리가 보이고 험람이 보이나 눈 있고 입 있는 세상에서는 사면이 평평한 듯하고도 보이지 않는 험한 물결이 헛된 눈속임으로 사람을 사라지게 했다 내어놓았다 한다. 거친 바다 같고 들 같은 세상의 보이지 않는 물결이 덮쳤다 드러내놓을 때마다, 말할 수 없는 무형의 상처를 받는, 사람은 그 아픔을 받는다. 하나 그 역시 눈에는 안 보이는 상처이다. 그보다, 산에 오르다가 사람이 미끄러져 떨어지면 목숨이 붙어 있는 이상에는 눈에 보이는 상처를 고쳐도 보고 씻어도 보리라. 하나 역시 눈에 보이지 않는 상처는 사람이 고칠 바를 모르고 혹시 고치려 하다가는 그 이상 아픔을 받는 일이 있다.

아픔을 받는 일

시라도 쓰지. 아니다. 시는 그렇게 쓰는 것일까. 역시 생활을 근면히 해나갈 그 생기 있는 새로운 정신으로라야 쓸 것 아니야. 아아. 나는 사람 아니다. 희망이 없다. 그러나 그렇기에 분발하는 것 아니냐.

시는 그렇게 쓰는 것일까

누구 나 부르지 않나

밤 가운데 밤 가운데

등불을 못 단 작은 배는

노를 잃음도 아니련만

저어 나갈 마음을 못 얻어

누구 나 부르지 않나

누구 나 부르지 않나.

얼음 밑에 얼음 밑에

빛을 못 받는 목숨에는

흐를 줄을 잃음도 아니련만

녹여내일 열도熱度를 못 얻어

누구 나 부르지 않나

누구 나 부르지 않나.

오오 오오

빛과 열도 더위와 빛

한곳으로 나오련만

옳은 때를 못 얻어

누구 나 부르지 않나

누구 나 부르지 않나.

소설 「돌아다볼 때」 수록 시 「누구 나 부르지 않나」 전문

밤 가운데 밤 가운데

우리는 무슨 일로 이같이 슬퍼합니까. 우리가 한곳에서 공부하다가 한 진리를 숭상하다가 똑같은 사정으로 헤어졌었지만 또다시 한곳에서 만나게 되어 같은 병으로 신음하며 같은 목적으로 살아나가지 않습니까. 그러나 우리는 후회가 있지요. 그것이 즉 우리를 병들게 해 우리는 이후에 살아나갈 앞날이 멀지 않다는 것입니다. 하지만 우리는 그럴수록 동지가 필요합니다. 즉 어느 때 죽든지 죽음을 아름답게 맞자는 한 쌍의 결의가 필요한 것입니다.

그러나 우리는 후회가 있지요

아 고왕금래古往今來에 어느 것이나 살펴보면 스러지고 썩어지는 것이 원칙인 것 같습니다. 그러므로 우주는 적멸하고 인류는 사멸합니다. 그러나 이 멸망해가는 우주와 인류 간에도 영구불멸의 것이 있습니다. 그것은 곧 신념이요 지성至誠이요 진리요 사랑이외다. 그러므로 모든 것이 멸망해서 자취를 찾을 수 없으나 그대로 인간에게 남아 있는 것은 사랑입니다. 우주 건설의 전초가 사랑이요 지지가 사랑이요 인생의 토대가 사랑이외다. 즉 다시 말하면 사랑은 생명이요 만겁萬劫 멸망하지 않는 것이 곧 사랑이외다. 사랑이 끊긴다 하면 곧 죽음이요 멸망이요 황천이외다. 환언하면 '인생은 사랑에 나서 사랑에 살다 사랑으로 죽고 마는 것이외다'. 웃고 울고 움직이고 멈추는 것 중 어느 것도 사랑의 충동이 아닌 것은 하나도 없습니다. 만일에 이 세상에서 고물古物을 찾는다면 곧 사랑을 찾을 것이요 신물新物을 찾는다면 또한 사랑을 찾을 것이외다. 바꿔 말하면 사랑은 영구永久의 고물인 동시에 영구의 신물이외다.

영구불멸의 것

여동생2　아버지 무엇입니까. 자식 앞에 부끄러운 줄도 모르고. 아버지는 우리 어머니를 죽였지요. 남의 부잣집 과부를 속여서 두 번이나 아이를 배게 하고. 그리고 어머니가 죽으니깐 그 자산을 다 가져다가 둘째 언니 모녀만 넉넉히 쓰도록 하시고. 우리는 먹든지 굶든지 매를 맞든지 눈을 흘기우든지 모르지 않으셔요.

부친　허허 요 년이 점점 악독해져가는구나. 제 어멈도 독한 계집이었다. (성실, 정신을 차린 듯이 일어남)

성실　우리 앞에서 어머니를 욕하는 것은 그쳐주십쇼. 우리에게 우리 모친은 우리의 고향이고 사랑입니다.

고향이고 사랑입니다

남숙은 다시 밝은 곳을 지나던 차 선로를 넘어서서 어두운 길을 달음질해서 집에 돌아와서는 그 방에 들어갈 때 그날의 모욕을,

그 자신으로부터 얻은 그 못 잊을 모욕을 두루 살폈다. 그리고 그 생각을 반드시 미쳐질 때까지 밀어붙이는 것이 옳다고 생각했다. 그에게는 자 막대기와 저울이 쓸데없지 않은 것임을 비로소 알고 단 꿈을 그대로 쓰는 시는 역시 사람의 생활의 한쪽을 그려놓은 것일지라도 사람의 생활에서부터 터를 닦아야 할 이 시대에 임박한 사람들에게는 아무런 도움도 못 되고 다만 절벽 틈이라도 기어 올라갈 만한 신앙과 그 자신의 거룩한 순정을 옮겨서 그 자신의 위엄이 떨어지지 않을 이상적 대상을 확실히 알아놓고 그 사랑을 곱게 곱게 펴서 무리 앞에 놓도록 장하고 용감한 정조貞調로 쓸 것을 깨달았다.

사랑을 곱게 곱게 펴서

내 가슴에

검고 붉은 작은 그림자들,
번개 치고 양 떼 몰던 내 마음에 눈 와서
조각조각 찢어진 붉은 꽃잎들같이도
회오리바람에 올랐다 떨어지듯
내 어두운 무대 위에 한숨짓다.

나는 무수한 검붉은 아이들에게 묻노라
오오 허공을 잡으려던 설움들아
분노에 매 맞아 부서진 거울 조각들아
피 맞아 피에 젖은 아이들아
너희들은 아직 따뜻한 피를 구하는가.

아 아 너희들은 내 맘의 아픈 아이들
그렇듯이 내 마음은 피 맞아 깨졌노라

내 아이들아 너희는 얼음에서 살 몸

부질없이 눈 내려 녹지 말고

북으로 북행하여 파란 하늘같이 수정같이

얼어서 붙어서 맺히고 또 맺혀라!

시 「내 가슴에」 전문

얼음에서 살 몸

성실 (머리를 쳐들며 귀를 쳐들며 귀를 기울이고) 저 소리는 동생의 울음소리다. (눈물지음) 세상에는 저렇게 아프게 부르짖는 사람들뿐이다. 얼마나 무서운 일일까. 아아 저렇게 아프게 부르짖을 때엔 몹쓸 매를 맞나 보다. 조물주는 확실히 무책임하다. 인간이 모든 책임을 지고 갈 수밖에 없다. 모든 것은 사람으로부터 시작했다. (기침. 다시 방바닥에 엎드림. 기절함. 무대 뒤로 사람 때리는 소리 들림)

무서운 일

'거친 서울아 왜 이리 어두운고. 사람이 안 사는 것이 아닌데 생각 없는 마음이 아닌데 왜 이리 캄캄하냐. 네 어두움을 밝힐 도리가 없느냐' 하고 남숙은 생각할 때 그 눈에 눈물이 맺히는 것을 깨닫고 돌아설까 앞으로 갈까 하고 망설였다.

그 눈에 눈물이 맺히는 것

비련

쓸쓸한 거리 끝에 임 오실 리 없거늘
그리운 정도情度 져서 오신 듯 달떠진다
행여나 같은 모양 눈앞에 벌어지리

이 몸이 놓여나면 바위라도 뚫으고
임 향한 설운 사정 쏟아부으련마는
빈궁貧窮에 붙들린 몸 움직일 길 있으랴

쓸쓸한 거리

춘채가 병들어 누운 이후로 매일 가는 학교에서 돌아오는 길을 급히 서두르는 이쁜이였다. 그래서 춘채의 하소연에 매일 어여쁜 소리로 장송가를 부른다. 춘채는 그 노랫소리에 매일 고요한 수면을 탐했다. 일시 감정에 치우쳤던 춘채의 혼은 이쁜이의 온순한 위로에 소생해 천국을 이상理想하는 어렴풋한 신앙이 최고도에 달했다. 오늘도 스스로 지은 글을 읊다가 피곤한지 이쁜이를 간신히 불러 옆에 앉히고 자리에 누웠다. 그 병실에서는 이상한 조율의 노랫소리가 들려 춘채는 잠자는 것같이 영영한 안면安眠을 이루었다. 엷은 햇빛이 창을 비춰 신비하게 저 아직 어린 혼을 보호하는 것 같다. 이로부터 칠일 후에 꽃을 덮은 관이 운계 여사의 묘전에 묻혔다. '숙녀박춘채지묘淑女朴春茱之墓'라고, 춘채는 그 조모의 묘전에 영원히 묻혔다.

영영한 안면

탄실아, 너는 간다. 네 한 몸의 영화로운 지식을 얻기 위해서 너는 간다. 그리고 입을 다문다.

오오 탄실아 탄실아.

네 한 몸의 문제만 풀러 너는 간다.

너는 간다

밀어

비 개인 유월 바람이

가벼운 가―덴curtain을 달래어서는

살그머니 병실에 들어옴이라.

창백한 얼굴을 돌리고

긴 몸 풀없이 돌아누워?

그 귀밑에 무엇을 들었누?

가
벼
운
가
—
덴

순하고 부드러우나 결코 어리석고 둔하지 않은 최순철은 생각할 것이다. 저도 무덤 속에 들어갈 것을. 또 저가 세상을 떠난 뒤에 유복자가 나와서 또 외롭게 자라날 것을……. 그리고 '보고 싶은 용광로는 못 보고 관棺만 본다' 하며, 그는 고요히 누워서 고달픔과 아픔을 뒤섞은 제 가슴을 쥐고
　"왜 사람은 생각한 일을 하나도 못 하고 죽는단 말인가" 하고 부르짖는다.

왜
사
람
은

탄실은 쓸쓸하고 적적한 생각에 쏠리어, 먼 타향의 외로운 날들이 오래짐을 따라, 사람의 정이 그리웠다. 어리던 때의 어머니가 품어주던 것, 아버지가 손목을 이끌어주던 것, 오빠가 업어주던 것, 서울 있을 때에 그 외조모가 틈틈이 먹을 것을 싸다가 주던 것, 어렸을 때의 반갑던 생각이란 생각은 모조리 꿀에 재었던 밀감 껍데기같이 따뜻하고 달곰한 것을 그리는 처녀의 가슴 속에서 하박하박 절여서 나왔다.

외로운 날들

가슴을 두들기며 몇 밤을 새워가며, 길거리를 지나는, 가장 낯익어 보이는 사람에게 네 마음을 풀어 보인대야 알고 싶을 사람이 있을지는 모르나 가슴속 깊이 박힌 네 설움이 쉽게 옮겨질 것이냐……. 온—몸과 온 마음이 한데 엉클어져서 울음을 그칠 줄 모르고 운다.
　—슬픈 사람에게는 사랑도 없고 희망도 없다. 다만 설움, 그것만 있을 것이다. 그 외에는 아무것도 없다.

다만 설움

유언

세상이여 내가 당신을 떠날 때
개천가에 누웠거나 들에 누웠거나
죽은 시체에게라도 더 학대하시오
그래도 부족하거든
이다음에 나 같은 사람이 있더라도
할 수만 있는 대로 또 학대하시오,
그러면 나는 세상에 다신 안 오리다
그래서 우리는 아주 작별합시다.

아주 작별합시다

순철 선생, 어느덧 봄이 돌아와서 선생을 모신 지 일 년이 되었다고 말하는 것 같습니다. 기숙사 뜰을 무심히 지나도 가―는 샘물이 모래땅을 돌돌 흐르는 것과 버려질 때를 말하려는 듯한 꽃봉오리들이 다 착한 처녀 네 마음속에는 무엇을 준비하였느냐, 하고 묻는 것 같습니다. 하나 저는 무엇을 말할 수 있겠습니까. 옛사람의 말에, '뒤를 돌아다보는 이는 어리석다'라고 하였습니다. 그런 까닭에 몸에 넘치는 설움을 안고 부모 슬하에 행복하게 지나던 옛일을 뒤돌아 생각할 수도 없이 외롭게 탄식합니다. (…) 하나 제게 누가 오겠습니까. 여순서 저 때문에 일 년 공부를 희생한 대영 오빠는 감히 바랄 수 없고 선생께서나 와주셔야 사실이 될 것인데 선생은 연구하시는 바쁘신 어른이시고……. 때때로, 어리석은 일이지만, 부모를 죽여 없애고 집을 불살라준 ○○주의를 빙자하는 ×군을 원망합니다,마는 다― 운명의 지도하신 바라 의심할 길 없이 이 마음을 누가 위로하러나 와주었으면 하고 애달피 생각합니다.

    선생, 제가 이렇게 자주 편지해서 무엇에든지 방해가 없으십니까.

월 일 순영 배백

이렇게 자주 편지해서

페―터 씨, 당신은 나 모르는 동안에 나에게 굳이 약속되어 있는 이가 아닙니까? 그렇지 않으면 어찌하여 당신은 이 미개한 곳에 나를 보호하려 오신 것입니까?

그런 것을 저 암흑한 무리들은 나와 페―터 씨의 깨끗한 우정을 빼앗아가려고 갖은 악의를 다 품는 것이지요? 그리고 방해하는 것이지요?

우리의 맑은 생활감정이 그들의 더러운 계획에 용기를 잃고 앞길을 막아버릴 것 같지는 않습니다. 이 믿음이야말로 내가 성당에 발 들여놓기 시작한 이래로 얻은 보물입니다.

그리고 지금까지 잊어버렸던 말씀이지요마는, 나는 이전에 입던 의복이나 잡은 것을 하나도 소유하지 못하고 대부분 남에게 주고 말았습니다. 유행을 잃은 의복은 좋지 않습니다.

다만 페―터 씨를 그리는 마음만이 한량없이 늘었을 뿐입니다.

페―터 씨, 당신이 이같이 인정에 주린 여자를 상상이나 하실 것입니까?

그리는 마음

혹시 찾아가 보면 모르는 체나 안 하시겠습니까?

모르는 체

성실　　어찌할꼬. (피아노 앞에 가 앉으며) 동생아, 저 옆방에 가서 의장에 걸린 두루마기를 좀 갖다주려무나. (가볍게 기침하고 피아노 치며 노래함)

동생아 동생아

찾아다오 내 방문을 (여동생2, 두루마기를 등에)

찾아다오 내 자리를

자리는 좋은 자리 이끼 아래 (또 기침)

여동생2　(불안한 듯이) 또 그런 노래를 하십니까.

성실　　(점점 급히 연이어 기침을 하며 피아노 위에 엎드림)

여동생2　형님, 또 피아노 아래로 피가 흐릅니다그려.

좋은 자리

1927년아 부디부디 너 가기는 잘 가더라도 결코 내 앞에 다시 돌아오지는 못할 것을 잘 알아라.

너같이 썩은 침체가 많은 세월(흐름)은 사람의 생기를 잃게 할지언정 신선하게는 못할 줄을 자성自省하여라.

잘 가거라 잘 가거라.

그러나 결코 다시 돌아올 것은 아니다. 끝까지 너를 응시하며 보내는 내 뜻일랑은 오해하지를 말아라!

그러면 1928년은 내게 행복을 가져오리라.

잘
가
거
라

넓은 삼간 방 속에, 그의 취미는 얼마나 부자유한 몸이면서 자유를 바랬던고?!

아랫목 벽에 걸린 로단Rodin의 「다나이드」를 사진 박은 그림이며, 머리맡에 정펠로Longfellow의 「살과 노래」라는 영시를 흰 비단에 옥색으로 수놓은 족자며, 또 이름 모를 물새가 방망이에 붙들려 매여서 그 자유인 오 촌寸가량의 범위를 못 벗어나고 애쓰는 그림이 어느 것이나 자유를 안타깝게 바라는 소련의 취미가 아니랴. 이런 것들을 뒤돌아보는 소련의 마음이 어찌 대동강의 능라도를 에두르는 두 물줄기가 합쳐지지 않기를 바랄까. 흐름은 제방을 깨뜨린다!

그러나 그런 때에 뒤에서는 유전이다 간음이다 할 것이다.

흐름은 제방을 깨뜨린다!

옛날의 노래

고요한 옛날의 노래여
꿈 가운데 걸어오는 발자취같이
들렸다 사라지는……
어머니의 노래여, 사랑의 탄식이여.

"타박 타박네야 너 어디를 울며 가니
내 어머니 몸 진 곳에 젖 먹으러 울며 간다"
이는 내 어머니의 가르치신 노래이나
물결 이는 말 못 미쳐 이것만 아노라.

옛날의 날 사랑하시던 내 어머니를
큰 사랑을 세상에서 잃은 설움이
멜로디—만 황혼을 숨 지을 때
장밋빛으로 열린 들길에는 바람도 애타라.

오래인 노래여 내게 옛 말씀을 들리사

어린이의 설움 속에 이끌어 들이소서

불로초로 수놓은 초록옷을 입히소서

그러면 나는 만년청萬年靑의 빨간 열매 같으리다.

말을 잊은 노래여 음조만 남아서

길 다한 곳에 레—데강이 흐릅디까

모든 것을 씻어버리는 정화수가 흐릅디까

오오 그 물이 내 거울이 되리다.

무언가無言歌여 다만 음향音響이여 나를 이끌어

그대의 말씀 사라진 곳에

내 어머니 몸 진 곳에 산을 넘고 물을 건너라

옛날의 노래여, 사라지는 울림이여.

시「옛날의 노래」전문

바람도 애타라

그의 세계에는 아주 깊은 어느 곳으로부터 아주 높은 어느 곳까지 장송곡보다 더 처량한 멜로디―가 낮추 낮추 울려오는 듯이 고달픈 비애 속에 숨 막히는 것 같았다.

낮추 낮추

밤은 깊어 사방이 적막한데 옛적부터 몇억만 년의 비밀을 담은 대동강 물이 고금古今을 말하려는 듯이 가는 물결 소리를 낸다. 배 젓는 노 소리는 물에서 철석철석 심야의 적막을 부순다. 배가 물아래를 향해 십여 간間쯤이나 갔을 때에 특실이가

"범네야, 잘 가거라!" 하니 저편에서도 범네가

"특실아, 잘 있거라—" 한다. 그 소리가 양금洋琴 소리같이 떨려 들린다.

범네야, 잘 가거라!

유리관 속에

뵈는 듯 마는 듯한 설움 속에

잡히운 목숨이 아직 남아서

오늘도 괴로움을 참았다

작은 작은 것의 생명과 같이

잡히운 몸이거든

이 설움 이 아픔은 무엇이냐

금단의 여인과 사랑하시던

옛날의 왕자와 같이

유리관 속에서 춤추면 살 줄 믿고

일하고 공부하고 사랑하면

재미나게 살 수 있다기에

미덥지 않은 세상에 살아왔었다,

지금 이 뵈는 듯 마는 듯한 설움 속에

생장生葬되는 이 답답함을 어찌하랴

미련한 나! 미련한 나!

시 「유리관 속에」 전문

오늘도 괴로움을 참았다

그는 기쁨 없는 여자다. 그가 앞서 나가는 길에는 무슨 행복이 있어서 그를 기다리는 것도 아니다. 문학을 힘써 나간대야 그는 약하므로 자연히 그렇듯이 이 대지를 튼튼히 밟고 나간 자취를 빌려서라도 기록해 내놓을 용기가 없다. 그것보다는 그의 마음속에 숨은 한 그림자에게 '내 힘으로 네 불행을 낫게 할 수 있겠느냐' 하는 말이 듣고 싶다. 그러나 그것 역시 확실한 믿음을 어찌 가지랴. 다만 그 마음이 그를 못 잊고 그렇듯이 달리 자기의 행복을 못 찾는 데 지나지 않는 일이니까. 하지만 아무 힘으로도 그 맘에서 그 그림자를 뽑아 던질 수 없는 것은 아무런 방면으로나 쉽게 그 사랑을 상대자에게 알리지 못하겠다는 의지보다는 몇 배 굳셀 뿐 아니라 알리고 못 알리는 것은 그 도덕률의 완전한 자유다. 그는 거기에 따라서 영리한 사람이 되고 미련한 사람이 된다.

완전한 자유

아— 비웃는 이들이여, 당신들이 나를 실연자라고 오래 비웃어 왔다. 하나 불행히도 당신들은 불행한 운명을 타고난 한 처녀가, 불의의 능욕을 받고, 살기를 원해서, 썩은 기둥으로 기왓장을 받쳐온 것을 도무지 헤아려주지 못했다.

당신들은 나를 비웃기 전에 내 운명을 비웃어야 옳을 것이다. 나는 이 지경에 겨우 이르렀어도 힘 있는 대로 싸워왔노라.

힘 있는 대로 싸워왔노라

목석인가 의심할 만큼 남자는 언제까지든지 하늘을 우러러 묵상을 계속하고 여자는 언제까지든지 얼굴을 두 손으로 묻고 울음을 계속했다.

솔바람이 산마루 너머로 스쳐가고 스쳐왔다. 높은 솔나무 가지에는 다람쥐들이 인적을 엿보았다. 모든 것은 무엇을 엿보는 듯이 잠잠했다. 나뭇가지를 물어가던 까치조차 무엇을 엿보는 듯이 부동의 자세로 서 있는 이를 지키고 앉아서 날아가기를 잊어버렸다.

다만 작은 샘물 소리만이 역시 한때이리라—는 듯이 앞을 향하고 끊임없이 흘러내려갔다.

작은 샘물 소리만이

사람이 사랑을 구한다거나 잃는다는 것은 거짓말입니다. 사람은 자기 자신 속에 사랑을 가지고, 어떤 대상에게 그것을 눈뜨게 되어서 결국 분명한 생활의식을 가지는 데 불과한 일이니까요.

거짓말

기도

거울 앞에 밤마다 밤마다

좌우편에 촛불 밝혀서

한없는 무료를 잇고 지고

달빛같이 파란 분 바르고서는

어머니의 귀한 품을 꿈꾸려.

귀한 처녀 귀한 처녀 설운 신세 되어

밤마다 밤마다 거울의 앞에.

밤
마
다
밤
마
다

서로 잘 이해하는 두 연인이 모—든 관계를 끊었을 뿐 아니라 모—든 소식까지 서로 알리지 않으면서 오히려 다른 곳에 사랑을 옮기지도 않았다면 세상은 그 연고도 모르고 웃을 것이다. 그뿐 아니라 믿지 않을 것이다.

그러나 그들은 세상이 믿지 않는 믿음을 가지고 운명의 위협을 받아가면서 한 발자국 두 발자국, 발자국마다 피를 흘리면서 그들이 꿈꾸는 어떤 목표를 향해 걸어나간다. 이런 일이 세상에는 흔히 없는 일이요, 사람들은 다— 모르는 일이다. 그러므로 그들은 외로운 사람이 되었다.

세상에는 흔히 없는 일

너희는 무엇을 이름 짓고, 어느 이름을 꺼리며 싫어하느냐. 그중 아름다운 것을 욕하진 않느냐.

어느 이름으로

탄식

둥그런 연잎에 얼굴을 묻고

꿈 이루지 못하는 밤은 깊어서

빈 뜰에 혼자서 설운 탄식은

연잎에 달빛같이 허덕여들어

지나가던 바람인가 한숨지어라.

외로운 처녀 외로운 처녀 파랗게 되어

연잎에 연잎에 얼굴을 묻어.

얼굴을 묻고

생기를 내야 합니다. 잃어버린 우리의 생명을 도로 찾기까지 원기를 내야 합니다.

생기

"나, 일본에 와 있으면 일본 여자들의 탁월함에 눌려서 아무것도 모르는 편이지만, 조선 가면 조선을 위해서 돕는 편이 될지 몰라요. 그러니까 내 몸은 내 사사로운 정의 자유가 못 됩니다" 하던 말들을 후회하진 않을 것이다.

사람아, 네 더운 뜻을 이 반도 안에서 이 백성들과 같이 이루지 못할 것이면 차라리 네 자신을 위해서만 힘써보라.

네 자신을 위해서만

사람은 절대로 누구와든지 꼭 육신으로 결합해야만 살겠다고는 말 못 할 것입니다. 그것은 정을 유통시켜보지 못하고 이 세상에 대항하여 발전이라는 것을 모르는 사람에게는 능할 것이지만 우리는 한 대상을 앎으로 그 주위의 모―든 것까지 곱게 보지 않습니까. 단지 그 대상으로 인해 얻은 생활의식이 분명한 것만은 다행이지요.

생활의식이 분명한 것

봄이다, 봄이다. 내 마음속에 무엇이 속살거린다. 참으로 봄인가보다. 멀리 바라다보이는 나뭇가지들에도 봄이 왔다는 생각을 아니 가질 수 없는 봄인가보다. 또 무엇이 이렇게 대답한다.

무거운 마음과 가벼운 마음이 봄을 이야기하는, 내 마음속 맨 밑을 굽어본다.

어찌하였느냐 아이야 어찌하였느냐 아이야 왜 눈물 같은 것을 아주 씻지 못하느냐?

내 입술이 저절로 내 몸 위에서 부르짖는다.

하나 무거운 무거운 내 마음속 맨 밑은 울음을 그치지 못한다. 아아 내 입술은 탄식한다.

―너는 봄을 모르는구나, 불쌍한 아이야. 너는 지금까지 봄을 못 보았구나.

봄이다, 봄이다

순철은 한숨을 휘 쉬고 다시 흰 보를 곱게 씌워주었다. 말 없는 찬 애인에게…….

말 없는 찬 애인에게

여교원   성실 씨, 모든 인생은 움 돋아나온 사랑의 힘의 동그라미 안에서 몸을 맞추도록 벗어날 수가 없는 것이 아닐까요.

성실   그렇습니다, 그렇습니다.

사랑의 힘의 동그라미

그와 같이 같다는 말은 가장 책임이 많은 말이다. 동시에, 서로 알 것이라는 말이 된다. 안다는 것! 안다는 것! 이 한마디가, 세상에는 제일 귀한 말이 된다. 먼저 자기를 안 다음에 남을 아는 것, 이것만이 귀하다. 이것이 사랑을 이루고, 가정을 이루고, 사회를 이루고 국가를 이루어야 편할 것이다.

안다는 것

그러나 이 사회에서 빈번히 연출되는 몇 가지를 들어 비연애라 함은,

하나, 그의 다른 사람과의 연애 고백을 무시하고 그 상대자를 욕되게 하며, 연애한다고 음란한 짓을 꿈꾸는 것.
둘, 술에 취하여 그 집 문을 두드리며 그 상대자를 욕되게 하는 것, 난잡히 사실 아닌 일을 글로 써 내는 것.
셋, 너무 연애를 공상한 결과 없는 육적 관계를 사칭해서 상대자를 거짓 더럽히는 것.
넷, 역시 공상의 결과로, 남들 앞에서 그 동경하는 대상을 만나서 제멋대로 반말하며 남의 거짓 감정을 사는 것.
다섯, 어느 대상에게 연애를 고백하다가 거절을 당하고 얼마 지나지 않아 욕하는 것.

일일이 예를 들 수도 없지만, 이와 같은 종류의 인격이랄지(?)가 입으로만 하는 '연애'란 것은 비연애다.

비
연
애

무엇인지 선형이라는 인간은 마성의 남자같이 두려움을 일으키는 이성이다. 그의 천성은 남녀의 관계밖에 흥미 없는 것이 아닐까? 인정도 없고 신념도 없고 이상도 없이 단지 남녀의 관계밖에 아무것도 모르는 하층동물을 내가 어찌해야 할 것인가?

그러나 나는 그와 연결했던 과거를 가진 것이다!

그렇다고 내가 지금 그와 결탁해가지고 무엇을 해야 할까?

아니다 아니다, 모든 과거는 거듭 오지 못할 것이요, 온갖 과실은 다시 짓지 못할 것이다. 사람의 이상이 자기를 완전한 신의 뿌리로 보며 도덕을 근본으로 한 공생계에서 영원한 생존을 계속하려는 것으로 관념할 때 선형은 영원히 내 세계에서 사라져야 할 것이다.

마성의 것!

마성의 것!

칠팔 세의 어리던 네가 기다란 옥방망이돌 위에 작은 얼굴을 대고

―하나님, 정말 죽게 해줍쇼. 그리고 내 죽음으로 우리 엄마의 죄를 사해줍쇼.

하고 자지러질 때 너는 그때부터 살기가 싫다고 생각한 것이다.

그러나 거기서보다 날마다 날마다 어려워만 가는 것을 너는 지금껏 참아왔다. 언제든지 오해받는 누명 속에― 네 몸이 결백했건만 자백도 분명히 못 하고 네 몸에 어울리지 않는 누더기를 입고 살아왔다.

누더기를 입고

문학과 꽃을 사랑할 줄 모르는 여성은 결코 온전한 사람이라고는 하지 못할 것이니 그러한 의미에 있어서 저는 얼마나 이 시대에 여성의 행복을 느끼는지 모르겠습니다. 사람은 누구나 다 예술가가 될 수 있다는 말도 있지만 더욱 부드럽고 고운 마음의 소유자인 소녀들에게는 얼마나 꽃다운 노래가 좁은 가슴에 넘쳐흐르겠습니까.

꽃다운 노래

또다시 방랑의 길 위에 설 몸아, 그렇다— 떠나라— 이 도회 안에는 네 빵이 없다, 네 빵이 없다, 집이 없다, 동무가 없다.

그러나 탄실아 탄실아, 지금 이같이 되어 떠나면서 눈물을 거두라. 부질없이 운대야 네 몸이 상할 뿐이다. 이 도회 안에는 네 울음을 같이 울어줄 사람은 없다.

모—든 것이 허사였다.

탄실아, 이제 한 번은 단지 너를 위하여 일어나보자. 모든 것을 잊어버리고 모든 인정을 물리치고, 이제 다시 일어나자.

이
제
다
시

우리는 우리 자신에 대하여서나 남에 대하여서나 너무도 생활의 책임감이 부족하여왔나이다. 책임감이 부족하다 함은 곧 생활에 충실치 못하다는 의미외다. 그 증거는 현재 우리 생활의 깊이가 너무도 얕다는 것으로, 그로 인해 생활의 큰 반향도 없습니다. 아파도 아프다는 소리가 적고 슬퍼도 슬프다는 소리가 적습니다.

이 땅 위에 이 같은 불행이 어디 또 있으며 이 같은 고통의 거리가 어디 또 있으리오마는 남보다 몇십 갑절 더 울어도 시원치 못할 우리네가 이 불행과 고통을 느낄 줄도 모르고 울 줄도 모르니…….

울 줄도 모르니

내가 남자가 되었으면 나는 여자에게 정치와 사회의 지배권을 주겠습니다. 만약 여자가 정치와 사회의 지배권을 가졌다면 여자는 본래 애愛의 인물이요, 정情의 인물이니까 지금 남자들처럼 공연히 소용없는 군함을 만들고 공연히 소용없는 병기兵器를 만들어 남의 나라 땅을 점령하고 남의 나라 백성을 죽이는 악마는 되지 않겠습니다.

악마는 되지 않겠습니다

당신을 내 마음속에서 영원히 잊어버리지 않으려는 열성을 아십니까. 그리고 나의 외로움을 아십니까.

아
십
니
까

보다 나은 뜻이, 즉 내 도덕률에서 우러난 생각이 나를 고귀한 행동으로 싸워나가게 할 것 아니냐. 실리에 눈이 어두운 사람들은 내가 내 대상에게 내 몸을 가져가지 못하는 제도와 인습 속에서 내 몸이 찢기듯이 아픈 상태로 구태여 살아가는 나의 생활관념을 비웃겠지만, 그것도 없으면 내 영혼은 비었다 비었다 모―든 것이 헛되다 하고 내 생활에서 내 이 지구를 향해나가는 애착, 즉 이 나라 사회와 같이 발전해나가자는 생활의식까지도 내 생활의 토대인 것을 전부 헐어버릴 것 아니랴.

고귀한 행동으로

단발! 단발! 이는 많은 남자들이 벌써부터 실행하던 일이 아닙니까? 또 그네들이 퍽 편리하게 여기는 것 아닙니까?

(…)

그러므로 '단발'은 여자에 있어서도 남자에 있는 것과 같이 서슴지 않고 실행하여도 무방할 것입니다. 또 단발을 한다고 여자의 미를 손실하는 것도 모름지기 없을 터인즉 사람의 형체에 따라서는 한 개인을 미화하는 화장化粧도 되겠습니다. 그러므로 단발을 하였다고 그 경우와 필요를 사회에서 특별히 논의해야 할 아무런 이유도 없겠습니다.

바로 말하면, 누구나 어느 때에 어떻게 하여서라도 단발하여 무방할 것입니다. 남녀를 묻지 말고!

남녀를 묻지 말고

오오 그대

가시덩굴 옆의 꽃 장미같이

내가 인생을 헤맬 때

빵긋 웃고 머리를 든

오오 그대

문란한 꽃을 사랑치 않는 대신

사람을 사랑할 줄 아는 그대

가시 같은 시기猜忌를 품고

내 양심을 무찌르지 않는 그대

가시덩굴에 무찔린 나를

인생의 향기로 살려낸 그대

오오 그대여 내 사람이여

시 「그러면 가리까」 부분.

사람을 사랑할 줄 아는 그대

의사2 당신은 그런 어려운 표정을 짓지 않으실 때가 오겠지요. 성실 씨는 지금도 그때 맘이 조금도 변치 않으셨습니다그려. 저는 성실 씨의 의사로 왔습니다. 성실 씨는 전지轉地하셔야 될 것이외다. 빨간 동백꽃이 떨어진 것을 연애하는 처녀로 보지 않는 곳으로, 사람 사람들이 각종의 아름다움으로 기분 따라 변하는 곳으로, 마비라는 것과 어두움을 모르는 곳으로, 미워하는 이 세상을 위해서는 한마디 풍설도 남기지 않고 가셔야 할 것이외다.

성실 내 가슴에 미동하는 병균일지라도 남기지 않고 가겠습니다. (엎드려 흑흑 느낌. 의사2, 포켓트에서 가루봉지를 꺼내서 손 빠르게 고뿌에 넣고 포도주를 따름)

의사2 때가 지났습니다. 이것을 마시고 주무십쇼. 그러면 이 경성 안에서는 다시 못 뵈옵겠습니다. 새로운 땅에서 다시 뵈옵시다.

성실 이리 주십쇼. 이리 주십쇼. (고뿌를 받아서 주저 없이 마심) 저는 먼저 갑니다. 영호 씨…….

의사2 안녕히 주무십쇼. (급히 퇴장) 곧 가겠습니다.

성실　　가서 기다리겠습니다. (침대 위에 사지를 주욱 펴고 바로 눕는다.)

(천천히 막)

새로운 땅에서 다시 뵈옵시다

일하기 싫고 공부하기 싫은 마음이 연일 계속되어 안 갈 곳 갈 곳을 휘뚜루마뚜루 다니노라니 본래 게으른 마음이라! 급히 돌아올 염려도 잊고 누구의 집에 앉았더니 밤눈이 왔었다. 하얀 눈이 뜰을 덮을 때 주인은 내게 시간이 늦는 것을 주의하였다. 나는 뜰로 나오면서 '가다가 눈에 미끄러져서 사진을 박았으면' 하고 입은 다물면서 속으로 '내 꼴이 어떤가 보게……' 하고 말을 삼켰다. 물론 내 눈에 눈물이 흘렀다.

밤눈

학대받은 사람아, 네 자신 위에 고요히 돌아가 정밀히 생각해보라. 네 추방의 길 위에서 무엇을 보았는가? 무엇을 생각하였는가, 깊이깊이 반성하여보라.

아아 그러나 네가 고요하게 되어 정밀한 마음을 지키려 하면지킬수록, 내 몸이 점점 분함과 억울함에 북돋워짐을 너는 어찌 하려느냐?

그렇다 사람아, 그것이 당연한 일이다. 한 사람에게 받은 한 능욕과, 멸시로 된― 네 모든 수치의 저수지가, 어느 하루 잊힐 날이 있었으랴.

하물며 그로 인해서 모―든 세상에게 돌리어진 오늘날 이 처지에서랴, 의로운 절벽 위에 홀로 선 이 처지에서랴.

의로운 절벽 위에

아아, 과실이 없는 참된 때! 머리 위로 광명을 받는 듯한 거룩한 때! 나의 힘이 몇 백배로 늘어서 큰 의식을 가지게 될 때! 모든 사람의 사정이 측은히 알아지는 때는 어디로 오는 것일까. 우리는 이런 때를 다만 한 사람의 미소微笑와 한 찰나의 바늘 끝 같은 시선으로도 깨닫는다.

거룩한 때

언니의 생각

언니의 그—때 모양은
날쌘 장검 같아서
"네 몸의 썩은 것은
있는 대로 다 찍어라!"
맑게 엄하게 말하셨어요

언니의 그—때 모양은
온화한 어머니 같아서
"가시나무에서
능금을 따려 하지 말라!"
슬프게 곱게 기도하셨어요

그러나 지금은……?
장성하는 생명의 화려함이

피는 꽃의 맑은 향기가

얼마나 우리를 놀래이고

얼마나 우리를 뒤덮을까?

시 「언니의 생각」 전문

얼마나 우리를

우리는 지금까지 이 세상에서 모든 붙었던 것들이 떨어지는 것을 보고 모든 떨어졌던 것들이 붙는 것을 본다. 우리들이 먹는 떡과 김치와 과실과 고기를 생각할 때에도……. 또, 그렇다! 우리는 매일같이 그런 것을 안 볼 때가 없다. 그러나 우리는 거기서 서로 헤어짐이 없는 나라를 짓고 나라를 깨뜨리지 않을 경우를 지으려 한다. 하나 우리는 매일같이 헤어지며 만나는 동안에 매일같이 변함을 본다. 필경 육신과 영혼을 양편으로 가진 사람들은 약함을 끝끝내 이기진 못하고 운명에게 틈을 엿보여서 나라를 깨뜨리기도 하고 경우를 잃기도 해서 동서에 울고 웃게 되며 남북에 헤매게 되는 것이다.

떡과 김치와 과실과 고기

이것이 무슨 편지일까? 아무리 생각하여도 염서艶書 같지는 않고 또 내가 미워서 한 편지 같지도 않은데 내게 한 의문을 던져 내 죽음을 잊게 하는 이 편지가 무엇일까 나는 궁리하면서 내일 또 살아갈 생각에 얼른 휴지 뭉텅이를 도로 차근차근 싸버렸다.

× × × ×

밤이 새어갈 때에 나는 사람이 세상 살기는 사랑이 아니고 '의문' 때문이라고 느끼면서 그 기다란 편지를 곱게 접어서 행장 속에 깊이 감추었다. 밤은 고요히 새어갔다.

사랑이 아니고 '의문' 때문

재롱

어머니는 말하다
자지 않는 아이야
무엇을 기뻐하느냐.

오오 어머니
내 빛이
온 세상을 비추어요.

흐흐 그 애가
잠은 안 자고
재롱만 피느냐.

어머니 옛말 하시오
한 옛적에도

나 같은 이가 있었소.

아아 이야기가 없다
내 딸에게 저녁마다
말주머니를 털리어서.

시「재롱」전문

내 빛이 온 세상을 비추어요

그 후로 탄실은 먹지도 않고, 자지도 않고 밤낮 세간방에 들어가서는 방망이돌 앞에서 기도했다.

"하나님이시여 하나님이시여 우리 어머니에게 회개하는 마음을 주셔서 예수를 믿게 하소서. 만일 그렇지 않으면 저를 하루바삐 천당으로 불러 가소서. 그러나 사랑하는 어머니를 지옥으로 가게는 맙소서" 하고 밤이나 낮이나 자다가도 기도를 하고 먹다가도 기도를 했다. 하루는 형용이 초췌하여가는 탄실에게 그 모친이

"탄실아, 내 예수를 믿으랴. 그리고 너희 아버지의 첩 노릇도 하지 말랴, 응? 그러면 나와 너와는 떨어지게 된다. 응, 애기야, 예수 믿는 사람은 남의 첩 노릇을 안 하는 법이란다" 하고 물었다. 탄실은 이때에 어린 마음에라도 어찌할 바를 몰랐다. 그는 그 후로는, 다시 "우리 어머니에게 회개하고 예수를 믿게 하소서" 하고 빌지는 않았다. 그러나 그는 날이 감을 따라서 오늘내일 눈에 보일 만치 수척해 갔다.

기
도

무제

노란 실 푸른 실로 비단을 짠 듯

평화로운 저녁 들에

종다리 종일終日의 노래를

저문 공중에서 부르짖으니

가는 비 오는 저녁이라.

내 어머니의 감격한 눈물인 듯

갤 듯 말 듯한 저녁 하늘에

비참한 나 큰 괴로움을

소리 없이 우러러 고하니

가는 비 오는 저녁이라.

봄 동무의 치맛자락 감추이듯

어슬어슬한 암暗의 막幕 내려

천하의 모든 빛 모든 소리

휘덮어 싸놓으니

가는 비 오는 저녁이라.

시 「무제」 전문

수록작품 목록

시 20편

- 그러면 가리까 조선일보 1926년 8월 19일 · 224
- 기도 『생명의 과실』, 한성도서주식회사, 1925 · 182
- 꿈 『생명의 과실』, 한성도서주식회사, 1925 · 82
- 내 가슴에 『생명의 과실』, 한성도서주식회사, 1925 · 124
- 무제 『생명의 과실』, 한성도서주식회사, 1925 · 250
- 밀어 『생명의 과실』, 한성도서주식회사, 1925 · 138
- 보슬비 『조선문단』 1926년 4월호 · 46
- 비련 동아일보 1927년 12월 16일 · 132
- 신시 조선일보 1924년 7월 13일 · 68
- 언니 오시는 길에 조선일보 1925년 2월 16일 · 36
- 언니의 생각 조선일보 1925년 2월 16일 · 236
- 옛날의 노래 『생명의 과실』, 한성도서주식회사, 1925 · 160
- 외로움 조선일보 1924년 7월 13일 · 30
- 유리관 속에 『생명의 과실』, 한성도서주식회사, 1925 · 168
- 유언 조선일보 1924년 5월 29일 · 146
- 재롱 『생명의 과실』, 한성도서주식회사, 1925 · 244
- 저주 『생명의 과실』, 한성도서주식회사, 1925 · 102
- 조로의 화몽 『창조』 1920년 7월호 · 24
- 탄식 『생명의 과실』, 한성도서주식회사, 1925 · 188
- 탄실의 초몽 『생명의 과실』, 한성도서주식회사, 1925 · 94

소설 14편

- 꿈 묻는 날 밤 『조선문단』 1925년 5월호 · 42, 110, 122, 130, 170, 220
- 나는 사랑한다 동아일보 1926년 8월 17일/8월 21일/8월 23~25일/8월 27일/9월 1~3일
  · 34, 58, 62
- 돌아다볼 때 『생명의 과실』, 한성도서주식회사, 1925
  · 20, 74, 112, 152, 158, 180, 186, 194, 240, 254
- 모르는 사람같이 『문예공론』, 1929년 5월호 · 190
- 분수령 『애인의 선물』 회동서관, 1929 추정 · 60, 164, 206
- 선례 『신여성』 1923년 11월호 · 100
- 손님 『조선문단』 1926년 4월호 · 76
- 외로운 사람들 조선일보 1924년 4월 20일~6월 2일 · 108, 140, 148, 184, 198
- 의심의 소녀 『생명의 과실』, 한성도서주식회사, 1925 · 166
- 일요일 『애인의 선물』 회동서관, 1929 추정 · 116, 174
- 젊은 날 『여명』 1925년 7월호 · 72, 84
- 조모의 묘전에 『여자계』 1920년 3월호 · 134
- 탄실이와 주영이 조선일보 1924년 6월 14일~7월 15일 · 28, 142, 248
- 해 저문 때 동아일보 1938년 1월 15~16, 18일 · 50, 150, 218

희곡 1편

- 의붓자식 『신천지』 1923년 7월호 · 44, 98, 106, 120, 128, 154, 200, 226

에세이 15편

- 거울 앞 독백 동아일보 1925년 3월 9일 · 70
- 겨울날의 잡감 매일신보 1926년 12월 22일 · 230
- 계통 없는 소식의 일절 『신여성』, 1924년 9월호 · 22, 52
- 네 자신의 위에 『생명의 과실』, 한성도서주식회사, 1925 · 136, 192, 208, 212, 232
- 대중없는 이야기 『생명의 과실』, 한성도서주식회사, 1925 · 172, 234
- 동인기 『폐허이후』 1924년 1월호 · 54, 214
- 봄 네거리에 서서 『생명의 과실』, 한성도서주식회사, 1925 · 26, 80, 86, 144, 196, 202
- 부친보다 모친을 존숭하고 여자에게 정치 사회 문제를 맡기겠다 동아일보 1922년 1월 7일
  · 78, 216
- 사랑? 『애인의 선물』 회동서관, 1929 추정 · 40, 48, 88, 118, 242, 256
- 시필 동아일보 1928년 1월 20일 · 32, 64
- 여인 단발에 대하여 『신민』 1926년 1월호 · 222
- 염문을 탐독하는 신여성의 위기 매일신보 1924년 9월 28일 · 210
- 이상적 연애 『조선문단』 1925년 7월호 · 204
- 잘 가거라 동아일보 1927년 12월 31일 · 156
- 향수 『애인의 선물』 회동서관, 1929 추정 · 56, 66

사랑하는 이 보세요 —김명순 문장집

초판 1쇄 발행 2025년 7월 7일

엮은이	박소란
편집	김선영
디자인	산책

펴낸곳	핀드
펴낸이	김선영
등록	2021년 8월 11일 제2023-000289호
주소	04017 서울시 마포구 동교로 31(망원동) 2층
전화	02-575-0210
팩스	02-2179-9210
이메일	pinned@pinned.co.kr
인스타그램	@pinnedbooks

ⓒ 박소란 2025
ISBN 979-11-990229-3-5 03810

* 여기 실린 작품의 현대어 번역 판권은 엮은이와 핀드에 있습니다.
* 이 책 내용의 전부 또는 일부를 재사용하려면 반드시 저작권자와 핀드 양측의 동의를 받아야 합니다.
* 이 책은 아모레퍼시픽의 아리따글꼴을 사용하여 디자인되었습니다.
* 표지 사진은 Unsplash의 Dynamic Wang 작품입니다.
* 잘못된 책은 구입하신 서점에서 바꿔드립니다.
* 책값은 뒤표지에 있습니다.

가는 비 오는 저녁

소련은 송효순을 몹시 생각한 어느 날 밤에 이상한 꿈을 보았다.

조선 안에서는 흔히 보지 못하던 경도京都 하압천下鴨川 신사 안 같은 곳이었다. 넓은 나무숲을 이룬 신사 뜰을 에둘러 물살 빠른 내―가 흐르고 신사 밖으로 나가는 다리 옆에는 큰 느티나무가 서 있어서, 그 가물가물하게 보이는 제일 높은 가지 위에는 여섯 잎으로 황금 테두리를 한 남빛 꽃이 달처럼 공중에 떠 있었다. 그 아래는 여전히 냇물이 빠르게 좔좔 소리를 내면서 흘러내려갔다. 자세히 보니 냇물에는 지금까지 보이지 않던 뗏목이 떠내려가는데 그 위에 젊은 여자가 빗누운 채 흘러내려가면서 남쪽만 바라본다. 온몸이 으슥해서 정신을 차리려 해도 무엇이 귀에 빽빽 소리를 치며― 저기 떠내려가는 것이 너이다! 너이다! 하고 귀를 가를 듯이 온몸이 저릿저릿하도록 소리를 지른다.

소련은 눈을 뜨려고 몸을 흔들어보고 소리를 내보려 해도 내가 깨었거니 깨었거니 하면서도 눈이 떠지지 않고, 무서운 뗏목이 빠른 물을 따라 흘러가는 것이 눈에 선했다.

저기 떠내려가는 것이 너이다!

이 세상에는 누구나 다 사랑이라는 싹이 있는 것이외다. 혹은 인류애, 혹은 동포애 혹은 가족애, 혹은 자매애. 참이외다. 온갖 사랑이 있는 것이외다. 그러나 그것은 외적 사랑이외다. 참으로 사랑다운 사랑은 아니외다. 물론 그런 사랑도 있어야 하기는 하겠지요. 그러나 보다 더 무조건적으로 맹목적으로 자기도 알 수 없는 중에 신임하고, 아니 하려야 아니 할 수 없는 그것이라야 참으로 사랑이외다. 세상이 배척하고 온 인류가 그르다 하여도 더 할 수 없이 끓는 피 솟아오르는 눈물에서 우러나오는 사랑이 참으로 사랑이외다.

참으로 사랑이외다